RÈGLEMENT
FAIT
PAR ORDRE DU ROI,

Pour établir dans les Hôpitaux militaires de Strasbourg, Metz & Lille, des Amphithéâtres destinés à former en Médecine, Chirurgie & Pharmacie, des Officiers de Santé pour le service des Hôpitaux militaires du Royaume & des Armées.

Du 22 Décembre 1775.

ARTICLE PREMIER.

I L sera reconnu par l'Intendant de la province, & les Officiers de santé, dans chacun des trois hôpitaux de Strasbourg, Metz & Lille, où on établira des Amphithéâtres, un emplacement convenable pour y faire les dissections & les leçons, sans toutefois que ces emplacemens puissent nuire à l'aisance ni au bien-être des malades.

A

2.

INDÉPENDAMMENT des Médecins employés avec appointemens dans les hôpitaux militaires, Sa Majesté admet dans chacun des trois hôpitaux où les amphithéâtres feront établis, quatre Médecins furnuméraires, fans appointemens, qui porteront l'uniforme des Médecins ordinaires, mais fans boutonnières au collet; ils feront obligés d'affifter à tous les cours qui fe feront dans lefdits hôpitaux, aux opérations & aux ouvertures de cadavres; de fuivre les Médecins & Chirurgiens-majors dans leurs vifites; ils feront, ainfi que les Médecins employés, des obfervations qu'ils adrefferont à l'Infpecteur général, qui, d'après les connoiffances & le zèle qu'ils montreront, & les témoignages qui lui feront rendus par l'Infpecteur du département, les fera connoître plus particulièrement au Secrétaire d'État de la guerre, afin de les faire nommer aux places vacantes; ils feront fubordonnés à la police des Intendans du département, des Commiffaires des guerres, des Médecins-infpecteurs & des Médecins de ces trois hôpitaux: Ces Médecins furnuméraires feront chacun des obfervations fur les maladies qui leur feront indiquées par les Médecins titulaires de l'hôpital; & ces obfervations feront variées tous les mois, de forte que celui qui en aura fait pendant le mois actuel fur les maladies aiguës règnantes, fera chargé d'en faire fur les maladies chroniques pendant le mois fuivant, & fucceffivement fur tous les genres de maladies, afin de pouvoir juger de la capacité & de l'application de ces Médecins.

3.

ON fera choix d'un Démonftrateur, d'une capacité

reconnue, pour chacun des trois amphithéâtres ; il aura le titre d'Aide-major, Disséqueur & Démonstrateur, aux appointemens du Roi, fixés à quatre cents livres, outre les gages du premier Garçon, dont il tiendra lieu aux Entrepreneurs, en remplissant les mêmes fonctions des autres garçons Chirurgiens.

Appointemens.

4.

IL sera accordé en sus cent livres pour l'entretien des pièces anatomiques & autres frais d'amphithéâtres, dont il rendra compte de l'emploi, dans un état visé du Commissaire des guerres & du Médecin-inspecteur.

Emploi de cent livres pour l'amphithéâtre.

5.

A mesure que les Chirurgiens-aide-major, actuellement établis dans ces trois hôpitaux, & leurs survivanciers, viendront à mourir ou se retireront, leur place demeurera supprimée, & l'Aide-major démonstrateur en remplira les fonctions, à raison du traitement réglé ci-dessus.

Suppression des Aides-major.

6.

AUCUN Élève en Chirurgie ne pourra être admis à suivre, comme surnuméraire, les malades ou blessés, ni les cours qui se feront, qu'il n'ait fait au moins deux années d'apprentissage chez un maître Chirurgien dont il rapportera un certificat authentique ; il sera examiné par le Médecin-inspecteur, ou à son défaut, par le premier Médecin & le Chirurgien-major, & reçu à l'hôpital avec l'agrément du Commissaire des guerres.

Réception des Chirurgiens surnuméraires.

7.

LORSQU'IL vaquera une place de garçon Chirurgien, il sera convoqué un concours en présence de l'Intendant,

Concours pour le remplacement

lorſqu'il le jugera à propos, du Commiſſaire des guerres, du Médecin - inſpecteur qui réſidera dans la province, des Médecins, Chirurgien - major & Aide - major ; la préférence ſera donnée à l'ancien à mérite égal, mais toujours au plus capable : par ce moyen on évitera la faveur & la brigue, on fera germer l'émulation & les talens qui ſeuls procureront les places.

L'amphithéâtre établi à Lille, fournira les garçons Chirurgiens & Apothicaires des hôpitaux militaires, tels qu'ils ſont ſitués dans la Flandre, le Hainault, la Picardie & la Champagne.

L'amphithéâtre établi à Metz, fournira les garçons Chirurgiens & Apothicaires dans les hôpitaux militaires des Trois - évêchés & de la Lorraine.

Et celui de Straſbourg fournira également les garçons Chirurgiens & Apothicaires dans les hôpitaux d'Alſace & de la Franche-comté, & ce, relativement aux diſpoſitions de cet article, & des 8 & 19 du préſent Règlement.

8.

IL ne ſera admis que quatre Chirurgiens ſurnuméraires externes dans les hôpitaux de Straſbourg, de Metz & de Lille ; ils ſeront tenus de faire le ſervice ſans appointemens ni nourriture au compte du Roi lorſque le nombre des malades, bleſſés & vérolés ne ſera pas ſuffiſant pour les employer ; le nombre des Chirurgiens employés ſera d'ailleurs proportionné au nombre des malades, relativement aux fixations portées par les marchés actuels, ils ne pourront ſervir en cette qualité que pendant l'eſpace de ſix années, après lequel temps ils chercheront à ſe pourvoir dans les villes & bourgs du royaume & dans les régimens,

& feront placés de préférence dans les armées & dans les hôpitaux de l'intérieur du royaume, en qualité de Major ou Aide-major ; & comme il y a déjà quatre Chirurgiens furnuméraires établis à l'hôpital de Strasbourg fans appointemens, mais avec nourriture au compte du Roi, fuivant le marché actuel, les quatre nouveaux Chirurgiens établis par cet article, feront fimplement externes, & pourront être employés à remplacer les quatre Chirurgiens furnuméraires, lorfque ceux-ci pafferont au compte de l'Entrepreneur pour les gages.

9.

Tous les Chirurgiens employés furnuméraires, feront aftreints d'affifter régulièrement aux leçons & aux démonfrations qui fe feront pendant l'hiver & l'été ; le Médecin-Infpecteur, les Médecins & le Chirurgien-major affifteront régulièrement, autant qu'ils le pourront, aux leçons, afin de s'affurer de la régularité & de la bonté des inftructions, de l'affiduité & de la docilité des Médecins, Chirurgiens & Apothicaires ; le Chirurgien-démonftrateur fera tenu de leur rendre compte de ceux qui auroient manqué aux leçons & qui s'appliqueroient moins, afin de les punir felon l'exigence des cas.

Les garçons Chirurgiens employés, & furnuméraires & externes, ne feront pas moins fubordonnés au Chirurgien-Aide-major-démonftrateur, qu'aux Chirurgiens Major & Aide-major de l'hôpital.

Les fils des Médecins & Chirurgiens - majors des hôpitaux militaires du royaume, feront admis à fuivre les cours des amphithéâtres, fans appointemens & fans remplir aucune fonction de droit dans les falles des malades

Affiduité aux Cours & aux Leçons.

A iij

& bleſſés, qu'après qu'ils en auront été jugés capables par la voie du concours.

I O.

Cours de l'hiver. LE Chirurgien-aide-major, diſſéqueur & démonſtrateur, fera chaque année un cours complet d'Anatomie pendant l'hiver; ce cours commencera le 1.er Octobre par l'Oſtéologie sèche & fraîche; il fera de ſuite & ſucceſſivement la Miologie, la Splanchnologie, l'Angiologie & la Névrologie; après le cours d'Anatomie, il en fera un d'opérations, conjointement avec le Chirurgien-major.

Cours d'été. Le 1.er Juin ſuivant, il commencera chaque année un cours de principes de Chirurgie, qui fera ſuivi pendant l'été d'un cours de Bandages.

I I.

Étude de la première année. LA première année, les Chirurgiens ſurnuméraires; étudieront & s'appliqueront plus particulièrement à l'Oſtéologie sèche & fraîche, & à la Miologie; pendant l'été ſuivant ils étudieront les principes de Chirurgie & les Bandages.

De la ſeconde. La ſeconde année, ils feront une étude particulière de la Splanchnologie, de l'Angiologie, & des opérations pendant l'hiver, & repaſſeront pendant l'été les principes de Chirurgie & de Bandages.

De la troiſième. La troiſième année, ils répèteront les parties de l'Anatomie précédente, & y ajouteront la Névrologie; vers le printemps, ils s'appliqueront ſpécialement aux opérations qu'on aura ſoin de leur rendre familières, en les faiſant opérer eux-mêmes; ils emploieront l'été de cette troiſième année à faire une étude appliquée de la Phiſiologie & de la Pathologie.

Diſſections. La première année ils diſſéqueront la Miologie; la feconde, la Splanchnologie & l'Angiologie; la troifième, la Névrologie.

I 2.

PENDANT toute l'année, les Chirurgiens qui ne feront pas de fervice, affifteront à la préparation des remèdes dans la Pharmacie & à leur diftribution dans les falles.

L'Apothicaire-major, pendant les mois de Juin, Juillet & Août, fera en leur préfence les principales opérations chimiques & galéniques, & leur en expliquera les manipulations; ces connoiffances de la préparation & de la diftribution des remèdes, leur procureront une double utilité dans les armées, où le défaut d'Apothicaires expofe quelquefois cette partie du fervice des hôpitaux militaires à de grands inconvéniens.

L'Apothicaire-major fera encore chaque année un cours de Plantes ufuelles, auquel tous les Médecins, Chirurgiens & Apothicaires, feront obligés d'affifter.

Les Médecins furnuméraires fe conformeront, pour leurs occupations, à ce qui fera réglé par le Médecin titulaire, en l'abfence de l'Infpecteur.

Ils fuivront les vifites & les panfemens du Chirurgien-major, & particulièrement celles des Médecins titulaires, & fe conformeront d'ailleurs à ce qu'ils leur prefcriront dans les différentes parties du fervice.

I 3.

CONFORMÉMENT au titre VII, article premier de l'Ordonnance du 1.er janvier 1747, les Médecins, chaque année, feront un cours de Phifiologie & de Pathologie, & en même-temps un cours de Pratique & Clinique des principales maladies qui règnent parmi les Troupes dans les armées & les garnifons, auquel ils joindront une explication & une application du formulaire des hôpitaux; ils auront foin en même-temps de faire connoître les rapports du genre de vie des Soldats, de leurs travaux & de leur régime, & le Chirurgien-major un cours de maladies vénériennes.

14.

Examen général. AFIN d'affujettir davantage tous les Chirurgiens employés & furnuméraires, à l'étude, exciter leur émulation, & s'affurer de leurs progrès, il fera fait chaque année un examen général au commencement du mois de Mai: cet examen comprendra la matière des cours qui auront été faits pendant l'hiver, la convocation du jour, fera faite par le Médecin-infpecteur qui préfidera à l'examen; les Médecins, Chirurgien-major, Aide-major & le Démonftrateur, affifteront à cet examen: chaque Chirurgien fera examiné féparément l'un après l'autre; à la fuite de chaque examen particulier, l'Infpecteur recueillera les voix, & infcrira fur une feuille la matière de l'examen, les degrés de capacité, la conduite & les mœurs de chaque Chirurgien, avec la date de leur réception; cette feuille fera fignée par tous les examinateurs à la fin de l'examen général. L'Infpecteur fera tenu d'en adreffer une copie au Secrétaire d'État de la guerre, & une autre à l'Intendant du département; & le Contrôleur de chacun des hôpitaux, tranfcrira toutes les notes fur un livre exprès, année par année, qu'il confervera pour être préfenté au Commiffaire des guerres de chacun des hôpitaux.

15.

Diftribution des Prix. À l'affemblée du 1.ᵉʳ du mois de Juin fuivant, en préfence de l'Intendant, s'il peut s'y trouver, finon du Commiffaire des guerres, par lui chargé de la police de l'hôpital, le Médecin-infpecteur, conjointement avec les autres examinateurs, tous les Chirurgiens affemblés, en nommera deux qui fe feront le plus diftingués dans l'examen précédent, ayant en même-temps égard au fervice & aux mœurs, pour leur être diftribué à chacun un Prix de la valeur de cinquante livres, qui confiftera en livres relatifs à la profeffion; le Commiffaire des guerres en fera mention dans fon procès-verbal du mois, qu'il adreffera au Secrétaire d'État de la guerre & à l'Intendant du département.

16.

SA MAJESTÉ, pour augmenter l'exactitude & le zèle des Apothicaires en chef des trois hôpitaux où les amphithéâtres feront établis, veut bien leur accorder une commiffion d'Apothicaire-major, fignée de l'Intendant du département, avec quatre cents livres d'appointemens; indépendamment de ces quatre cents livres, ils toucheront de l'Entrepreneur, les gages d'un premier garçon Apothicaire, dont ils lui tiendront lieu.

Commiffion d'Apothicaire.

Les garçons Chirurgiens & Apothicaires auront, chaque jour, deux heures de recueillement pour fervir à l'étude des leçons; ces deux heures feront prefcrites dans le moment du jour le plus convenable, de concert avec le Médecin, le Chirurgien-major & le Démonftrateur; & tous les Samedis de l'année, il y aura un examen & une répétition générale fur ce qui aura été enfeigné pendant la femaine.

Après les cours de Pharmacie & de Chimie, il fera fait un examen des Apothicaires, dans lequel on obfervera les mêmes formalités prefcrites, pour l'examen, la diftribution des Prix des Chirurgiens, par les articles 14 & 15 de ce Règlement; & il fera accordé un Prix de cinquante livres à l'Apothicaire qui se sera le plus distingué par ses connoissances, son exactitude & ses mœurs.

17.

IL sera accordé en sus cent livres, par année, à chacun des trois Apothicaires-majors, pour les frais des préparations qu'ils seront tenus de démontrer aux Médecins surnuméraires, aux garçons Chirurgiens & aux garçons Apothicaires employés & surnuméraires, dont ils rendront compte dans un état, visé par le Commissaire des guerres & le Médecin-inspecteur.

18.

DANS chacun des trois hôpitaux où les amphithéâtres seront établis, on admettra quatre Apothicaires surnuméraires-externes, sans appointemens, ni nourriture au compte du Roi; ils ne pourront être reçus qu'avec l'agrément du Commissaire des guerres, & après avoir été examinés par le Médecin-inspecteur, auquel ils auront montré des lettres d'apprentissage authentiques, au moins de deux années, chez un maître Apothicaire. Quand il vaquera une place de garçon Apothicaire avec gages de l'Entrepreneur, elle sera donnée à celui des Apothicaires surnuméraires-externes qui aura montré plus d'habileté & de capacité dans un concours qui sera fait en présence du Commissaire des guerres, du Médecin-inspecteur, des Médecins, Chirurgiens-majors, Aides-majors & de l'Apothicaire-major.

19.

LES compositions galéniques & chimiques, exigeant toute l'habileté d'un Artiste expérimenté, sur la fidélité & l'exactitude duquel on puisse se confier; l'intention de Sa Majesté est que toutes ces préparations se fassent en présence du Médecin-infpecteur, des Médecins, Chirurgiens-majors, Aides-majors, des garçons Chirurgiens & Apothicaires des hôpitaux militaires des villes capitales de chaque province, & que ces mêmes préparations foient diftribuées dans les différens hôpitaux du département; défendant aux Directeurs & aux Apothicaires de ces hôpitaux, d'en employer d'autres; enjoignant aux Officiers de fanté d'y tenir fcrupuleufement la main.

2 0.

L'ÉTABLISSEMENT des amphithéâtres ayant pour objet de former des dépôts de Médecins, Chirurgiens & d'Apothicaires inftruits & exercés à l'ordre établi dans les hôpitaux militaires du royaume & des armées ; l'intention de Sa Majefté eft que toutes les places de garçons Chirugiens & d'Apothicaires, vacantes dans les hôpitaux militaires du département & dans ceux des provinces qui y font adjointes, foient remplacées par les Chirurgiens & Apothicaires furnuméraires employés dans les amphithéâtres; & que pour cet effet, le Médecin & le Chirurgien-major titulaires de chaque Hôpital, chacun en ce qui le concerne, demanderont un fujet à l'Intendant de la ville où l'amphithéâtre fera établi; lequel donnera en conféquence fes ordres, afin que les Examinateurs s'affemblent & choififfent au concours, & à la pluralité des voix, le Chirurgien ou l'Apothicaire le plus capable de remplir la place.

Remplacement des garçons Chirurgiens & Apothicaires.

Et qu'à l'égard des places de Médecins, vacantes dans les mêmes hôpitaux militaires, qu'il conviendra de remplir, on s'adreffera au Secrétaire d'État de la guerre, qui fe fera 1 dre c ⸳e de la capacité & de la conduite, tant des Médecins furnuméraires employés dans les amphithéâtres, que ceux qui l'ont été précédemment dans les hôpitaux c.. .s armées, afin d'être en état de faire un choix juſtè & convenable.

21.

Médecin au défaut de l'Inſpecteur.

EN cas d'abſence, & au défaut du Médecin-inſpecteur, les Médecins & Chirurgiens-majors des hôpitaux militaires où les amphithéâtres feront établis, feront tout ce qui lui eſt preſcrit par ce préſent Règlement.

22.

LES Médecins, Chirurgiens-majors & les Apothicaires-majors employés dans ces trois hôpitaux, rendront compte au premier Médecin, Inſpecteur général des hôpitaux militaires, tous les mois reſpectivement, dans la partie dont ils ſont chargés, comme une ſuite de la correſpondance qu'ils ſont tenus d'entretenir avec lui, de l'état de cet établiſſement, de l'exactitude & des progrès que les Médecins, Chirurgiens & Apothicaires y auront fait, & des difficultés qui pourroient s'y rencontrer, pour, ſur le rapport qu'il en fera au Secrétaire d'État de la guerre, être pourvu, ainſi qu'il appartiendra.

23.

LES Médecins, Chirurgiens & Apothicaires ſurnuméraires, feront, autant qu'il ſera poſſible, logés dans les hôpitaux, ou par les villes où les amphithéâtres ſont établis.

FAIT & arrêté à Verſailles le vingt-deux décembre mil ſept cent ſoixante-quinze. *Signé* SAINT-GERMAIN.